INGRID SCHREINER

Achterbahn
der Lebensmitte

Texte für bewegte Frauen

Achterbahn
der Lebensmitte

Texte für bewegte Frauen

echter

Bibliografische Information der Deutschen Nationalbibliothek

Die Deutsche Nationalbibliothek verzeichnet diese Publikation in der Deutschen Nationalbibliografie; detaillierte bibliografische Daten sind im Internet über <http://dnb.d-nb.de> abrufbar.

© 2012 Echter Verlag GmbH, Würzburg
www.echter-verlag.de
Gestaltung: Christine Eisner, Würzburg
Coverbild: © Getty Images
Fotos Innenteil: © Ingrid Schreiner, außer Seite 70 © Werner Osterhaus
Druck und Bindung: Friedrich Pustet, Regensburg
ISBN 978-3-429-03420-7

Für alle,
die in den Wirbelstürmen meines Lebens
an meiner Seite waren und sind.

Für meinen Vater Josef,
dessen poetische Ader mich prägte.

Für Maria,
die mich zu diesem Buch ermutigt hat.

Im Schreiben
Gedanken in Worte kleiden.
In Worten
neue Gedanken finden.
In allem
das Leben, mich selbst begreifen.

Achterbahn der Lebensmitte

Willkommen im Leben

Wenn das Leben alles bietet,
was es zu bieten hat.
Wenn es uns Frauen lockt,
herausfordert und überfordert.
Wenn es uns rüttelt und schüttelt,
uns mal aufbrechen,
mal zusammenbrechen lässt.
Wenn wir uns ernsthaft fragen,
wer wir sind und
wer wir eigentlich sein wollen.
Wenn wir plötzlich vor Abgründen stehen,
wo wir nie welche vermuteten.
Wenn wir Schätze entdecken,
die wir niemals erträumten.
Dann sind wir
mit Leib und Seele mittendrin
in der Mitte des Lebens.

Und das bedeutet
aufsteigen und abstürzen
und … wieder aufstehen.

1
....

Auf den Flügeln der Sehnsucht

Irgendwo, tief verborgen in den dunklen Kammern meines Herzens lebt meine Sehnsucht. Irgendwo, zwischen abgelegten Träumen und archivierten Zukunftsplänen vegetiert sie vor sich hin, birgt unausgesprochene Wünsche in sich und geheime Gedanken. Und sie trägt schwer an der Last der Erinnerungen.

Nur ganz leise zeigt sie sich, wenn ich mit mir allein bin. Wenn die Maschinerie des Alltags für kurze Zeit stillsteht, wenn keine äußeren Einflüsse mich ablenken und ich bereit bin, meinen Blick nach innen zu richten. Dazu bin ich nicht immer fähig, denn das äußere Leben erscheint mir meist wichtiger. Und nein, ich bin auch nicht immer bereit. Nicht, wenn meine

Sehnsucht mir Dinge ins Ohr flüstert, die ich nicht hören will. Ich bin nicht bereit, dieser Stimme zu lauschen, die droht, mein Leben auf den Kopf und alles in Frage zu stellen. Ich verdränge sie in die untersten Bewusstseinsschichten, denn sie soll keine Unruhe stiften, und werde gleichzeitig immer unruhiger.

Die Folge ist, dass mein vollgestopfter Alltag einer Uhr gleicht, die gleichmäßig tickt, ohne, dass sich wirklich etwas bewegt. Mein Leben stagniert, ich habe keine Ziele, nur noch Pflichten und mein Inneres brodelt. Was ist geschehen? Ich fühle mich ausgepowert, unglücklich und allein. Während meine unterdrückten Sehnsüchte weiter mit zaghaften Trommelschlägen an die Wände meines Herzens klopfen, erwacht eine Unzufriedenheit in mir, die existentieller ist, als ich zugeben will. Die inneren Impulse sprechen eine deutliche Sprache, die ich besser verstehe, als mir lieb ist. Sie nennen meine Traurigkeit beim Namen, sie erzählen von innerer Einsamkeit und nicht gelebten Träumen. Dabei geht es nicht um materielle Wünsche.

Auch nicht um Dinge, die ich schon immer einmal tun wollte. Nein, es geht um die Sehnsucht nach Nähe und Verstehen und ganz plötzlich, ohne, dass ich mir über die Folgen klar bin, um die Grundausrichtung meines Lebens. Es geht um meine Beziehungen, um meine Partnerschaft und um meine Existenz.

Als ich mir endlich gestatte, meinen inneren Sehnsüchten Raum zu geben und ihnen ins Gesicht zu sehen, ahne ich nicht, dass sie der Anfang einer großen Wende meines Lebens sein werden. Ich habe Angst vor den sich abzeichnenden Veränderungen und will doch nichts anderes. Mein ganzes Leben gerät aus den Fugen, aber es gibt kein Zurück. Mit dem plötzlichen Erwachen einer unerwarteten Liebe trägt mich die Sehnsucht auf ihren Flügeln davon.

Meine Sehnsucht

Meine Sehnsucht wächst,
wenn ich versuche, sie kleinzureden.
Meine Sehnsucht tobt,
wenn ich mir einrede, sie sei längst erfüllt.
Meine Sehnsucht schreit,
wenn ich versuche, sie totzuschweigen.
Meine Sehnsucht klammert,
wenn ich sie abschütteln will.
Meine Sehnsucht lebt,
wenn ich sie längst begraben glaube.
Meine Sehnsucht bahnt sich ihre Wege
durch jede Ausweglosigkeit hindurch
und gegen jede Einsicht.

Phantasien

Phantasien
haben ihren festen Platz
in meinen Gedanken.
Sie schleichen sich ein
und sitzen in den Kuschelecken
meiner Traumwelt,
die ich mir denken kann,
wie ich sie möchte.
Phantasien
schaffen Raum für das,
was ich vielleicht nie leben kann.
Aber Phantasien
sind Phantasien.
Und Leben
ist Leben.

Liebe

Liebe,
voll leidenschaftlicher Begierde,
voll grenzenloser Hingabe,
voll verrückter Romantik.

Liebe,
voll Phantasie und Lebendigkeit,
voll Sehnsucht und Angst,
voll Poesie und Tiefe.

Kaum zu glauben,
kaum auszuhalten
und nicht wirklich zu leben.
Und doch
spricht meine Sehnsucht
eine andere Sprache.

Illusionen

Heute habe ich mir
den Himmel blau gedacht,
habe Verheißungen
in den Wolken gelesen
und in der Nacht
Sterne gesehen,
die es nur
in meinen Träumen gibt.
Noch leuchten sie
vor meinem inneren Auge.
Die Wolken.
Die Sterne.
Die Illusionen.
Später fallen sie
auf die Erde.
Ich wache auf.

Wie weit

Wie weit darf ich gehen,
wenn mein Hunger
nicht zu stillen ist?
Wie weit darf ich gehen,
wenn meine Sehnsucht
grenzenlos erscheint?
Wie weit darf ich gehen,
wenn, soweit das Auge reicht,
nur Sehnsucht ist?
Wo ist meiner Sehnsucht Rand,
wenn ich am Horizont
nur Ewigkeit sehe?

Auf den Flügeln meiner Sehnsucht

Auf den Flügeln meiner Sehnsucht
fliege ich nach nirgendwo.
Ich suche die Richtung
und frage nach dem Sinn.
Ich erreiche die Grenzen
meiner Möglichkeiten
und die meiner Weisheit.
Abgründe tun sich auf.
Angst und Verzweiflung
werden zum Felsen
in meiner Magengrube.
Ich kauere in den Höhlen der Traurigkeit
und warte auf Rettung,
auf Nähe und Verstehen.
Auf das Licht am Ende des Tunnels
und den Regenbogen am Horizont.
Mögen die Fluten der Hoffnungslosigkeit
mich hinausspülen
an den Strand der Hoffnung.
Und möge jemand auf mich warten,
der auf den Flügeln meiner Sehnsucht
mit mir fliegt.

Quelle des Lebens

Auf der Suche nach mir
grabe ich in meinem Innern
nach der Quelle des Lebens
und der Klarheit,
die aus dieser Quelle fließt.

Ich bete, sie möge mich stärken,
meinen wankenden Füßen
Halt geben und Kraft,
um sicheren Schrittes
meinen Weg weiterzugehen.

Quelle, wo bist du?
Quelle, wohin fließt du?
Und warum kommst du
mir nicht ein Stück entgegen?

Ratlos

Ich weiß nicht mehr, wer ich bin.
Trauer hat meine Seele besetzt
und mein Herz gefangen genommen.
Ratlos sitze ich am Wasser
und betrachte die Wellen.
Ich bete, sie mögen mir
die ersehnte Erkenntnis
an Land spülen.
Vertrau dir selbst,
höre ich sie flüstern,
dann wird die Erkenntnis
in dir wachsen
wie ein ungeborenes Kind.
Eines Tages
wirst du sie in Händen halten.

Hungrig nach Liebe

Mein Leib sehnt sich
nach Geborgenheit,
nach bergenden Armen,
nach Nähe, Zärtlichkeit
und Wärme.
Mein Leib ist hungrig
nach Liebe.

Ich bin ich

Immer,
wenn ich glaube,
mich verloren zu haben,
gehe ich mich suchen.
Meistens finde ich mich dort,
wo ich es nicht vermutet habe.
Dann bin ich erstaunt,
erschreckt oder erfreut.
Ich bin ich.
So oder so.
Aber manchmal
erkenne ich mich
einfach nicht wieder.

2

....

Am Rande des Abgrunds

Auf den Flügeln meiner Sehnsucht fliege ich weiter und höher, als ich je zu träumen wagte. Ich fliege und fliege, immer die Gefahr vor Augen, von dem Feuer meiner Gefühle verbrannt zu werden. Zu lange sind meine inneren Leidenschaften von der alles regierenden Vernunft unterdrückt worden. Sie können nicht anders, als sich endlich zu wehren, als immer mehr zu wollen, ja, zu müssen. Solange, bis es kein Zurück mehr gibt. Bis das neue Glück das alte zerstört und mein Leben schließlich zu einem Scherbenhaufen zusammenfällt.

Es nützt nichts mehr, mir einzureden, es sei alles nur eine Laune dieser Lebensphase. Eine Midlife-Crisis, die jeder Mensch früher oder später durchlebt. Eine Phase, die ich nur durchstehen muss, um irgendwann im alten Leben anzukommen. Dass dem nicht so ist, erkenne und erlebe ich in einer nie dagewesenen inneren Zerrissenheit, einem Hin-und-hergeworfen-werden zwischen zwei Welten, die nicht zusammen-passen. Ich will zurück und gleichzeitig fort. Wie ein Tennisball fliege ich hin und her zwischen der Sehn-sucht nach mehr und dem Bedürfnis nach Ruhe und dem vertrauten Alltag. Schließlich weiß ich nicht mehr, wer ich eigentlich bin, was ich will und wohin ich will. Mein Inneres passt nicht mehr zu meinem äußeren Le-ben. Ich bin im wahrsten Sinne des Wortes außer mir. Alles in mir schreit verzweifelt um Hilfe. Aber selbst die, die mich hören, können nichts für mich tun.

Alles, was mein Leben ausmacht, steht plötzlich auf dem Prüfstand. Meine Familie, meine Freunde, mein Zuhause. Ich habe Angst, alles zu verlieren, was mir Halt gibt und kann dennoch mein neu erwachendes Ich nicht aufhalten. Ich suche den Weg zurück in die Sicherheit des alten Lebens und breche doch immer wieder aus. Ich versuche in die gewohnten Abläufe des Alltags zurückzukehren, in das Netz meiner Bindungen, verschließe die Augen vor diesem inneren und äußeren Chaos, als könnte es nicht geben, was nach außen hin nicht zu sehen ist, aber da ist es bereits zu spät.

Ich finde mich wieder am Rande eines Abgrunds, dessen Untiefen mich zu Tode erschrecken. Hilflos liege ich am Boden, unfähig, mich zu bewegen und nicht wissend, ob es besser wäre, in den Abgrund zu stürzen oder liegenzubleiben, geschweige denn daran zu glauben, ich könnte eines Tages wieder aufstehen. Ich hoffe, die Lösung meiner Probleme möge eines Tages vom Himmel fallen.

Du musst es selbst tun, flüstert mir da mein müder Geist ins Ohr. *Ich kann nicht,* schreit mein verzweifeltes inneres Kind, das nichts so sehr will, als an der Hand genommen und gerettet zu werden.

Was passieren soll

Es wird passieren,
was passieren soll.
Ob ich will oder nicht.
Es werden sich Fragen stellen.
Nie da gewesene,
herausfordernde
und unbequeme Fragen.
Ich werde ihnen nachgehen
oder ihnen ausweichen,
bis sie sich mir
unmissverständlich
in den Weg stellen.
Ich sehe schon,
wie sie sich auftürmen
zu einer unüberwindbaren Mauer.
Dann werde ich mich schwach fühlen
und am Boden liegen.
Die Mauer wird auf mich herabstürzen
und mich unter sich begraben.
Vielleicht kommt dann jemand,
um meine geschundene Seele zu bergen.

Ruhelos

Schlaflose Nacht,
endlose Gedanken,
uferlose Angst,
schonungslose Einsicht,
grenzenlose Sehnsucht.

Ich bete,
die Dunkelheit der Nacht
möge mich verschlingen.
Aber irgendjemand will,
dass es Tag wird.

Wer bin ich

Herbstgewitter
in meinen Gedanken.
Erdbeben
in meinen Gliedern.
Felsbrocken
in meinem Magen.
Zittern
in meinem Körper.
Sehnsüchte
in meinen Träumen.
Kämpfe
in meinem Kopf.
Hiebe
in meinem Gewissen.
Klöße
in meinem Hals.
Knoten
in meinem Bauch.
Schreie
in meinem Herzen.

Wer bin ich?

Warum???

Warum
passiert das
ausgerechnet mir?
Warum
gerade jetzt?
Und warum
überhaupt?

Es fällt mir schwer,
anzunehmen,
was das Schicksal
für mich vorgesehen hat.

Das WARUM
nistet sich ein
in meinem Kopf
und will einfach
nicht weichen.

Gott steh' mir bei

Fragezeichen
in meinem Kopf.
Chaos
in meinen Gedanken.
Ich sehe und höre
und fühle nichts mehr.
Nur diesen
gordischen Knoten
in meinem Herzen.
Da liegt eine Wahrheit
auf dem Tisch
und ich
liege am Boden.
Gott steh' mir bei,
diesen Zustand
auszuhalten.

Abschied

Wieder ein Abschied.
Wieder ein Stachel des Todes
in meiner Seele.
Es tut so weh.
Hilflos und traurig
bleib ich zurück.
Mit Verzweiflung
in meinem Herzen,
das keine Ruhe findet
und immer nur pocht
und pocht
und pocht.

Zwischen den Welten

Zwischen den Welten
leben und fragen
nach der Wahrheit,
dem Sinn, dem Warum.

Zwischen den Welten
suchen und finden
die Richtung,
den Weg und das Ziel.

Zwischen den Welten
schweben, verlieren
den Grund,
die Orientierung, den Halt.

Zwischen den Welten
leiden, ertragen
den Schmerz,
die Leere, die Angst.

Zwischen den Welten
alles haben
und nichts.

Wie der Tod

Wie das letzte Aufbäumen
kurz vor dem Tod
erlebe ich meine verwundete,
aufgewühlte Seele
und mein schmerzverzerrtes Herz.
Sie kämpfen
einen aussichtslosen Kampf.
Abschied ist wie der Tod.
Ich wehre mich
und weiß doch,
ich werde diesen Kampf
nicht gewinnen.

3

....

Rot – von Schmerz bis Liebe

Die Farbe Rot tritt in mein Leben, als ich am Rande des Abgrunds auf Rettung hoffe. Rot blutet mein Herz auf dem schwarzen Hintergrund meiner erschütterten Lebensfundamente. Rot leuchten die Flammen der Liebe und der Zerstörung. Alles gerät aus dem Gleichgewicht. Mein Seelenleben wird in Atem gehalten und pausenlos durchgeschüttelt. Ich fühle mich untergehen im Meer meiner Tränen. Mein Leib scheint im Feuer der Gefühle zu verbrennen und meine Seele zittert vor Kälte und Traurigkeit.

Verzweifelt versuche ich, dies alles anzunehmen und in mein Leben zu integrieren. Ein schmerzhafter Prozess, den ich ohne professionelle Begleitung nicht bewältigen kann. Ein Weg, der Wahrheiten zu Tage fördert, die ich eigentlich gar nicht sehen will. Hartnäckig schieben sie sich immer wieder in mein Bewusstsein, bohren sich in meine verletzten Gefühle und in meine verwirrten Gedanken. Sie konfrontieren mich mit meiner Vergangenheit, meiner Gegenwart und stellen Fragen nach der Zukunft, auf die ich keine Antworten weiß.

Hilflos klammere ich mich an alles, was mir Halt schenkt und krieche mühsam voran, bis hie und da bruchstückhafte Erkenntnisse wachsen. Wie Mosaiksteine setzen sie sich Stück für Stück zu einem Bild zusammen. Ich finde kleine Wahrheiten, die sich ganz langsam zu einer großen Wahrheit zusammenfügen. Diese Wahrheit schreit nach Veränderung. So erlebe ich eine Metamorphose, die schmerzhafter und intensiver ist als alles, was ich je zuvor erlebte. Sie fordert ALLES von mir.

Rot wie Blut ist also mein Leben. Rot wie Feuer brennen Schmerz und Trauer in mir. Rot glüht die lange
verloren geglaubte Seelenkraft in meinem Herzen. Mit
ihr erwachen neue Lebensgeister, die mich ermutigen,
wieder aufzustehen und den Rand des Abgrunds hinter mir zu lassen.

Liebe

Eines Tages
fiel die Liebe
wie ein Stern
vom Himmel.

Sie legte sich
auf mich,
und drang
in mich ein
bis in die letzte
Faser meiner Haut.

Sie bewohnte
jeden Winkel
meiner Seele
und stillte
den Hunger
meines Leibes.

Doch die Liebe kam
zur falschen Zeit
an den falschen Ort.
Jetzt frage ich mich,
wie ich sie wieder
loswerden kann.

Lieben in Fülle?

Ist nicht alles gottgewollt,
was uns geschieht?
Will er nicht,
dass wir leben in Fülle?
Dass wir denken,
fühlen und lieben in Fülle?
Wir Menschen sind es,
die sich im Namen Gottes anmaßen,
festzulegen, wie wir zu leben haben.
Wir bestimmen,
was sein darf und was nicht.
Oft merken wir gar nicht,
wie wir damit uns selbst verleugnen.
Ob das Gottes Wille ist?

Mit alten Wunden leben

Manchmal reißen alte Wunden auf.
Die Seele schmerzt,
obwohl du glaubtest,
die alten Schmerzen
längst überwunden zu haben.
Die Seele blutet,
obwohl du annahmst,
die alten Verletzungen
seien geheilt.
Doch manche Wunden
heilen nur langsam.
Und manche Schmerzen
vergehen nie.

Was ich weiß

Ich weiß nicht,
was noch sterben muss in mir,
um frei zu sein
für meinen Weg.

Ich weiß nicht,
wie viele Abschiede noch nötig sind,
um aus der Vergangenheit
in die Gegenwart zu treten.

Ich weiß nicht,
was ich noch durchleiden muss,
um die Wehen des Neu-Geboren-Werdens
endlich hinter mir zu lassen.

Was ich weiß,
was ich dankbar spüre,
was mich trägt,
das bist du mit deiner Liebe
und der Zusage,
diesen schweren Weg
mit mir zu gehen.

In dir versinken

Ich will
versinken
in deinen Augen,
mich verlieren
in deinen Blicken,
mich ergeben
in deine Zärtlichkeit,
mich fallen lassen
in deine Umarmung,
mich wieder finden
in deinem Kuss.

Augenblick und Ewigkeit

Unsere Liebe
lebt nicht aus dem Gestern
und nicht für das Morgen.

Unsere Liebe
lebt nur jetzt,
in diesem Augenblick,
der für uns zur Ewigkeit wird.

Der Augenblick vergeht
und mit ihm die Ewigkeit.

Wer bin ich?

Was hast du
mit mir gemacht?
Ich bin nicht mehr
ich selbst.
Oder bin ich es
jetzt erst geworden
durch dich?

Du

Und plötzlich sehe ich mich
mit anderen Augen,
weil du mich siehst.
Und plötzlich fühle ich mich
ganz anders,
weil du mich berührst.
Und plötzlich denke ich anders,
weil ich deine Gedanken kenne.
Und plötzlich erkenne ich mich
in dem, was du tust.
Du bist wie ein Spiegel,
in dem ich mich betrachten
und erkennen kann.

Rote Schuhe

Mit meinen roten Schuhen
ziehe ich das Leben an.
Mit ihnen gehe ich
durch das Feuer der Leidenschaft.
Mit ihnen tanze ich
auf dem Vulkan
meiner inneren Lebensglut.
Mit ihnen ver-gehe ich
vor Schmerz und Liebe.

Warum

Keine Liebe
ohne Leid.
Kein Finden
ohne Loslassen.
Kein Aufbruch
ohne Abschied.
Liebe und Leid
sind untrennbar
miteinander verbunden.
Frag nicht, warum.
Es gibt keine Antwort.

4
....

Um-Brüche und Aufbrüche

Schon während ich am Rande des Abgrunds liege, ahne ich, dass noch mehr zerbrechen wird als
schon zerbrochen ist. Ich will dies alles nicht, aber es
ist nicht mehr zu ändern. Ich kämpfe mich durch den
Dschungel meiner Traurigkeit, durch die Düsternis
meines schlechten Gewissens und das Labyrinth der
moralischen Ansprüche, die hartnäckig dafür sorgen,
dass meine Schuldgefühle gut genährt werden.
Brüche gehören zum Leben, lese ich in schlauen
Büchern, von denen ich mir Rat und Hilfe für mein
Leben erhoffe, das gerade wie ein Kartenhaus zusammenfällt. Fragen über Fragen toben durch meine
verzweifelten Gedanken. Was tun, wenn im Lebens-

gefüge nichts mehr stimmt und die ganze Existenz plötzlich wie ein großer Scherbenhaufen daliegt? Was tun, wenn die Partnerschaft, auf der man einst seine Zukunft gründete, in Frage steht, wenn das ganze Lebenshaus zu zerfallen droht und man es einfach nicht mehr ändern kann? Lange sind keine Lösungen in Sicht. Es gibt keine Antworten auf die vielen Fragen, die mir Nacht für Nacht den Schlaf rauben.

Sorgenvoll blicke ich auf meine Kinder und frage mich, welche Auswirkungen die gewaltigen Umwälzungen auf ihre Entwicklung haben könnten, was sie für unsere Beziehungen bedeuten würden. Dankbar blicke ich auf meine Freunde, die nichts tun können, außer mich auszuhalten und mir beizustehen.

Irgendwann sind die Brüche vorbei. Irgendwann kann ich wieder aufstehen, den Scherbenhaufen betrachten und ihn als Realität annehmen. Irgendwann beginne ich, neue Wege zu gehen. Und irgendwann bin ich fähig, Konsequenzen aus meinen schmerzhaften Erkenntnissen zu ziehen. Ich lerne, Entscheidungen zu treffen und kann Veränderungen zulassen. Ja, ich kann aus den Scherben Stück für

Stück ein neues Bild zusammensetzen, das all das Vergangene in meine Gegenwart integriert. Ein wahrhaft mühevoller und langwieriger Prozess, in dem ich endlich wieder zu mir selbst finde.

Nach all den Umbrüchen und Zusammenbrüchen beginnt schließlich eine Zeit des Aufbruchs. Ich kann mich wieder einlassen auf eine Zukunft, die wie jede andere Zukunft im Nebel verborgen liegt. Diese Zukunft will ich entdecken und gestalten. Mit all den Möglichkeiten, die sich mir am Rande meines steinigen Weges eröffnen. Die Ungewissheit geht mit mir. Ich weiß nicht, wohin mein Weg mich führen wird und wo die nächsten Abgründe lauern, aber ich schaue voraus. Meinen Blick richte ich himmelwärts, denn meine Seele sucht noch immer verzweifelt nach Wärme und Licht.

Kann sein

Kann sein,
mitten am Tag
platzt aus heiterem Himmel
ein Ereignis in dein Leben,
mit dem du nicht gerechnet hast.
Du wirst durcheinandergewirbelt.
Du wirst in Frage gestellt.
Du verlierst die Kontrolle über dich
und das Ruder, das dein Leben steuert.
Du gerätst aus dem Gleichgewicht
und verlierst den Boden unter deinen Füßen.

Kann sein,
mitten am Tag
passieren Dinge,
auf die du nicht vorbereitet bist.

Kann sein,
mitten am Tag
wirst du plötzlich ein anderer Mensch,
der nicht mehr weiß, wo es lang geht.
Du stößt an die Grenze deiner Weisheit,
weißt keinen Rat und keine Lösung.
Du fragst und suchst
und hörst nicht auf zu fragen und zu suchen.

Kann sein,
du findest den Weg,
der dich über diese Grenze hinausführt.

Da ziehen sie hin

Da ziehen sie hin,
meine Töchter.
Sie haben ihre eigene Blickrichtung,
stehen auf eigenen Füßen,
lieben das Leben auf ihre eigene Weise.
Ich schaue ihnen nach
voller Stolz und Bewunderung.
Es fällt mir schwer,
sie gehen zu lassen.
Meine Tränen weine ich im Stillen,
damit sie nicht
über meine Traurigkeit stolpern.
Ich will sie nicht behindern
mit meiner Wehmut.
Will sie eher ermutigen
mit meinem Zuspruch.
Meine Liebe will ich ihnen zeigen.
Und da sein,
wenn sie mich brauchen.
Meine Arme geben Halt.
Lebenslänglich.
Und mein Herz ist weit.
Für immer.

Da ziehen sie hin,
meine Töchter.
Ich blicke ihnen nach
mit stummen Wünschen
auf meinen Lippen
für unendliches Glück.

Unbeschriebene Blätter

Im Schreiben entdecke ich
die Bedeutung der Worte neu
und die der eigenen Lebensgeschichte.
Licht- und Schattenseiten,
Verzweiflung und Hoffnung,
Trauer, Angst und Glück.
Alles findet Ausdruck
in dem Strom der Worte,
der aus meinen Gedanken fließt.
Unbeschriebene Blätter füllen sich
mit Glück und Kummer,
mit Sorge und Zuversicht,
mit Liebe und Leid,
füllen sich mit meinem Leben.

Halte aus

Wenn die Welt
nur noch aus Fragen besteht
und dir keine Antworten gibt.
Wenn das Leben
dich straft und erschüttert.
Wenn du unterzugehen drohst
in Ratlosigkeit und Verzweiflung.
Dann halte einfach aus
und versuche,
die Zeichen zu erkennen
für den richtigen Zeitpunkt
und den nächsten
kleinen Schritt.

Ich

Etwas in mir
begehrte auf.
Ganz leise,
kaum wahrnehmbar
machte es sich bemerkbar.
Ich ignorierte es,
wollte es
nicht wahrhaben.
Da schrie es
aus mir heraus
und wollte befreit werden.
Und jetzt will es leben.
ICH.

Zwischenzeiten

Zwischenzeiten,
Grauzonen
der Uneindeutigkeit,
führen manchmal
zur Klarheit zurück.

Zwischenzeiten,
Freiräume des Aushaltens
und des Ausruhens,
offenbaren hin und wieder
eine neue Richtung.

Zwischenzeiten.
Zeiten
für einen Zusammenbruch,
einen Umbruch,
einen Aufbruch.

Jetzt

Die Zeit ist gekommen,
da das Glück der Traurigkeit
seinen Platz einräumt.

Die Zeit ist gekommen,
da das Erleben
zur Erinnerung wird.

Die Zeit ist gekommen,
aus der Schwerelosigkeit
des Augenblicks
auf den harten Boden
der Realität zu fallen.

Die Zeit ist gekommen,
dich gehen zu lassen
und selber zu gehen.

Das Leben entrümpeln

Da stehe ich vor meinem Leben
wie vor einem alten Kleiderschrank.
In den Schubladen liegen Reichtum
und Chaos meiner Beziehungen.
Auf den Kleiderstangen hängen alle Rollen,
in die ich jemals schlüpfte.
Aus den Fächer ganz unten
schaut mich mein Scheitern an.
Alles muss raus.
Kein Ausverkauf,
aber eine Entrümpelung steht an.
Es fällt mir schwer, mich zu trennen.
Dennoch – der Raum ist begrenzt.
So entsorge ich schweren Herzens
die abgetragenen Kleider
und die ausgetretenen Schuhe.
Meine Lieblingsstücke
räume ich an einen besonderen Ort.
Was ich notwendig brauche,
wird neu geordnet.
Am Ende bleiben
ein paar Kleiderbügel
frei für neue Rollen
und in einer Schublade
finde ich Platz
für ganz neue Ideen.

Mitte des Lebens

Mitte des Lebens.
Knotenpunkt.
Höhepunkt.
Wendepunkt.

Mitte des Lebens.
Verwirrung.
Verunsicherung.
Veränderung.

Mitte des Lebens.
Loslassen.
Hinschauen.
Voraus schauen.

Mitte des Lebens.
Warnung.
Wachstum.
Wandel.

Mitte des Lebens.
Entscheidung.
Aufbruch.
Neubeginn.

Veränderungen

Veränderungen passieren.
Ob ich will oder nicht.
Ich kann mich wehren,
sie verleugnen,
vor ihnen davonlaufen.
Irgendwann holen sie mich ein.

Nur langsam
unterwerfe ich mich,
lasse ich zu,
dass Veränderung geschieht.
Wer weiß, wozu sie gut ist.
Veränderungen
bringen Einschränkungen,
eröffnen aber auch
neue Möglichkeiten.
So Gott will.
Manchmal
haben Veränderungen
mir schon das Leben gerettet.

Mein Weg

Manchmal wünschte ich,
ein anderer könnte meinen Weg
für mich gehen.
Ich könnte einfach abgeben,
was auf meinen Schultern lastet,
was mein Herz bedrückt.
Manchmal denke ich,
es wäre leichter,
Verantwortung nicht zu tragen,
Entscheidungen nicht treffen zu müssen
und befreit zu sein
von allen Zweifeln und jeder Ungewissheit.
Manchmal glaube ich,
andere könnten mir abnehmen,
was ich nur selber tragen kann.
Was ich tragen muss,
weil es zu mir gehört.
Denn es ist mein Weg.
Und nur ich kann ihn gehen
als die, die ich bin.

Spuren finden

In der Ruhe
eine Spur finden.

In der Ruhe
eine Ahnung bekommen.

In der Ruhe
ein Zeichen erhalten.

Plötzlich fühlen,
dass sich etwas in dir rührt,
das du noch nicht greifen kannst,
das dich auffordert,
etwas Bestimmtes zu tun
und etwas anderes nicht mehr zu tun.

Etwas, das dir als Möglichkeit
bisher nicht in den Sinn kam.

In der Ruhe eine Spur finden,
die dich weiterführt.

Ich gehe mit mir

Vergangenheit.
Gegenwart.
Zukunft.
Ich bin nicht mehr
auf dem Weg zu mir.
Ich bin auf dem Weg mit mir.
Endlich kann ich
zurücklassen,
was mich belastet,
und mitnehmen,
was mich stärkt.

Lebensrätsel

Irgendeine Botschaft
steckt in allem,
was geschieht.
Ich werde nicht müde,
sie zu entschlüsseln.
Auch, wenn dies
eine lebenslängliche
Aufgabe ist.

Frau an der Schwelle

Grenzgängerin.
Frau an der Schwelle.
Wie lange werde ich brauchen,
das Tor zu durchschreiten,
das mich hinüberführt?
Was werde ich durchleben müssen?
Was wird mir geschehen?
Was wird sich an mir vollziehen?
Was wird sich in mir verwandeln?
Ich habe Angst,
denn ich weiß nicht,
was mich erwartet
jenseits der Schwelle.
Wer war ich? Wer bin ich?
Wer werde ich sein?

5

....

Der Zauber des Wandels

Vieles verändert sich im Laufe der Zeit, wird auf neue, andere Weise schön. Ich werde beschenkt durch Menschen, durch Ereignisse und Entwicklungen, die mir gut tun und die mich stärken. Ich kann wieder glücklich sein, ja sogar richtig unbeschwert. Und irgendwie werde ich selbst neu in diesem neuen Lebensabschnitt, der mir so viel abverlangt. Deutlicher denn je spüre ich, dass ich nicht mehr die Alte, wohl aber älter geworden bin. Unverkennbar verändert sich auch mein Körper mit der sich wandelnden Seele. Die Fältchen um meine Augen erzählen Geschichten von durchwachten Nächten und tränenreichen Auseinandersetzungen. Aber manchmal lachen sie mich aus dem Spiegel heraus an, als wollten sie sagen: sei einfach du selbst, dann bist du zeitlos schön.

Eine Zeit der Veränderungen auf allen Ebenen scheint angebrochen. Und täglich gibt es neue Herausforderungen zu bewältigen. Angenehme und schwere. Schöne und weniger schöne. Nicht immer gelingt es mir, gelassen zu bleiben, aber ich tue mein Bestes, um auch mit den körperlichen Veränderungen klarzukommen. Unmissverständlich läuten sie das Ende meiner Fortpflanzungsfähigkeit ein und drücken damit meinem Frau-Sein einen neuen Stempel auf.

Die alte Sehnsucht erwacht wieder oder ist es eine neue? Nein, es ist nicht die, die mich einst an den Rand des Abgrunds führte. Diese neue Sehnsucht nährt meine Lebensenergie. Trotz mancher Höhenflüge verliert sie niemals den Bodenkontakt. Diese neue Sehnsucht bringt mein inneres Feuer zum Brennen, ohne zu zerstören. Sie inspiriert und ermutigt mich, neue Wege zu beschreiten und neue Bindungen einzugehen. Eine wahrhaft wohltuende Sehnsucht, die mir einen neuen Einklang mit mir selbst schenkt, die mir hilft, an einer neuen Existenz zu bauen.

Gleichwohl darf ich erfahren, dass nicht alles verloren ist, was mein „früheres" Leben ausmachte. Ein tragfähiges Netz aus Beziehungen, die Bereitschaft, meine Vergangenheit aufzuarbeiten, ein ungebrochener Lebenswille und die Liebe zu meinen Kindern lassen mich ganz langsam wieder den Weg zu meinem inneren Selbst finden. Ich lerne, meine Vergangenheit ohne Groll zu betrachten. Manches mit Trauer im Herzen, vieles in dankbarer Erinnerung. Ich lerne loszulassen, anzunehmen was nicht zu ändern ist und lasse Veränderung zu, wo sie notwendig und möglich ist. Ganz langsam wandle ich mich schließlich selbst und mit mir mein ganzes älter gewordenes Leben.

Perfekte Frau

Perfekte Tochter.
Perfekte Mutter.
Perfekte Partnerin.
Perfekte Geliebte.
Perfekte Weggefährtin.
Perfekte Ratgeberin.
Perfekte Geschäftsfrau.
Perfekte Hausfrau.
Perfekte Freundin.
Perfekte FRAU?
Hilfe!!!

Selbstgespräch

Richte dich innerlich auf.
Mach dich nicht länger klein.
Am wenigsten vor dir selbst.
Sei nicht die Unterwürfige,
die sich in ihr Schicksal ergibt.
Steh sicher und fest
auf deinem persönlichen
STAND-PUNKT
und beschreite
mit aufrechtem Gang
deinen Weg.

Mich spüren

Es tut gut,
den Boden unter den Füßen
zu spüren,
die Füße in der Erde
zu verankern
und eine neue Balance
zu finden.
Es tut gut,
jedes einzelne Glied
an mir
wahrzunehmen
als etwas eigenes,
aber auch
als Teil eines Ganzen.
Als Teil
meines wunderbaren
Körpers.

Innerlichkeit

Eingebettet sein
in eine Hülle
aus Geborgenheit
und Schutz.
Innerlichkeit.

Eingebettet sein
in das Verstehen ohne Worte,
in stumme Übereinstimmung,
in wohltuendes Schweigen.
Innerlichkeit.

Ungeheuer Natur

Wundere dich nicht,
wenn die Natur
sich auf neue Weise
deines Körpers
und deiner Seele bemächtigt.
Wenn sie dich
überwältigt
wie ein Ungeheuer.

Wehre dich nicht,
denn es nützt nichts.
Die Natur ist stärker,
als du es je sein kannst.
Du kannst nichts tun.
Nur dich einlassen
auf das Ungeheuerliche,
das die Natur nun
für dich vorgesehen hat.
Auf das Abenteuer
des Älterwerdens.

Himmelhochtief

Heute traurig,
morgen glücklich.
Heute mutlos,
morgen voller Hoffnung.
Heute müde,
morgen energiegeladen.
Jeder Tag bringt Unverhofftes
und Unerwartetes.
Das erschreckt mich.
Das überfordert mich.
Aber manchmal
tun sich ungeahnte Möglichkeiten auf.
Und dann wachse ich
über mich selbst hinaus.

Pubertät rückwärts

Wenn dein Körper verrückt spielt
und die Hormone Purzelbäume schlagen.
Wenn du himmelhochjauchzend
und zu Tode betrübt bist.
Wenn dir dein Leben
plötzlich zu entgleiten droht,
und du gleichzeitig findest,
was du schon immer gesucht hast.
Wenn dein Körper und deine Seele
verzweifelt nach einem neuen Gleichgewicht suchen.
Wenn du dich fühlst,
als wärst du deine eigene pubertierende Tochter.
Wenn plötzlich in der Luft schwebt,
was immer bodenständig war.
Und wenn auf dem Kopf steht,
was unverrückbar schien.
Wenn du nicht mehr weißt,
wer oder was du bist,
und du gleichzeitig neue,
nie gelebte Seiten an dir entdeckst.

Wenn du dem auf die Spur kommst,
was schon immer in dir schlummerte,
ohne, dass du es je wusstest.
Wenn deine Seele Achterbahn fährt
und in deinem Herzen Wirbelstürme toben.
Dann bricht in deinem Leben
ein neues Zeitalter an.
Was das für dich bedeutet?
Finde es selbst heraus.

Wechsel-Jahre

Wandernde Seele.
Ruhelos
und immer auf der Suche
nach dem inneren
Gleichgewicht.

Eingetaucht
in die Wechselbäder
der Gefühle.
Ausgeliefert
an die Wechselspiele
der Gedanken.
Hineingeworfen
in die Wechsel-Jahre
des Lebens.

Neue Schönheit

Schönheit, wo bist du?
Ich finde nur
die grauen Haare auf meinem Kopf.

Schönheit, wo bist du?
Ich sehe nur
die Falten in meinem Gesicht.

Schönheit, wo bist du?
Mein Spiegelbild ist mir so fremd.
Vergänglichkeit schaut mich an.

Erst auf den zweiten Blick
kann ich unter die Haut sehen
und hinter der faltigen Stirn
all die Schönheit
meiner reifen Lebensjahre
erkennen.

Sehnsucht nach dir

Meine Gedanken flattern im Wind
und mein Herz setzt seine Segel.
Der Himmel liegt in meinen Armen
und meine Seele singt Lieder
von Hoffnung und Zuversicht.
So trägt mich die Sehnsucht
auf ihren Flügeln zu dir.

Neu werden

Anhalten
und innehalten.

Loslassen
und leer werden.

Der Erschöpfung
nachgeben.

Den Kopf frei machen
für das, was kommen will.

Zulassen,
was kommt.

Und dann
aufstehen
und weitergehen.

In einem neuen Tempo.
In einem neuen Rhythmus.
Als eine neue Frau.

Maskerade

Manchmal
brauche ich eine Maske,
um mich richtig zeigen zu können.

Manchmal
brauche ich eine Rolle,
um ganz ich selbst zu sein.

Manchmal
brauche ich ein Gegenüber,
um mich selbst richtig sehen zu können.

Manchmal
brauche ich aber nichts
von alldem.

Wenn ich vor dir,
meinem Schöpfer stehe,
bleibe ich unverhüllt
und allein.

Denn ich weiß,
du erkennst mich überall.
Hinter jeder Maske.
In jeder Rolle.
In jedem Gegenüber
und allein.

Sein wie sie

Wie die großen
Frauen dieser Welt
möchte ich sein.

Wie die Dichterinnen,
die Künstlerinnen,
die Kämpferinnen.

Wie die Ehefrauen,
die Witwen,
die Mütter und Töchter.

Wie die mutigen Frauen,
die rebellischen Frauen,
die begabten Frauen.

Wie die schöpferischen Frauen
und die liebenden Frauen.

Nur einen Herzschlag lang
groß sein wie sie.

Und ein Leben lang
Frau sein,
die ich bin.

Zeit für mich

Es wird Zeit,
mich wieder
mir selbst zuzuwenden.

Es wird Zeit,
zu begreifen,
dass ich dies bitter nötig habe.

Es wird Zeit,
neue Kräfte und Energien
in mir zu wecken.

In meinem Körper,
meinem Geist,
meiner Seele.

Es wird Zeit,
mich selbst
endlich
wichtig zu nehmen.

Verrückter Tag

Die Bügelwäsche
kann mir
gestohlen bleiben.

Die Wohnung
soll putzen,
wer will.

Das Telefon
klingelt
und ich
gehe tanzen.

Der Welt
will ich zeigen,
dass es mich gibt.

Ich lasse die Nacht
zum Tag werden
und fühle mich
wie neu geboren.

Damals

Damals
habe ich nur
Tod gefühlt.
Nein –
ich wollte nicht mehr
an das Leben glauben.
Zu tief
hatte der Stachel
des Abschieds
sich eingegraben,
in mein blutendes Herz.
Etwas in mir
war gestorben.
Aber dieser Tod
hat sich gewandelt.
Nun spüre ich
neues Leben in mir,
entdeckt und aufgerüttelt
durch dich.

Verwandelt

Du hast
mich berührt,
mich umarmt,
mich gehalten.

Du hast
mich berauscht,
mich verwandelt,
beseelt.

Du hast
mich einfach
geliebt.

6

....

Hungrig nach Leben

Plötzlich ist es wieder da, das verloren geglaubte Leben. Eines Tages steht es vor mir in all seiner Farbenpracht. Es lockt mich mit dem ganzen Charme seiner fortgeschrittenen Jahre. Es legt sich mir zu Füßen, als wollte es sagen: hier bin ich, heb mich auf und schließ mich in deine Arme.

Eine ungeahnte neue Leichtigkeit erwacht in mir, ich versöhne mich mit meiner Vergangenheit und akzeptiere die Veränderungen.

Nicht immer behält diese Leichtigkeit die Oberhand. Zu tief und zu schmerzhaft haben sich Verletzungen und Enttäuschungen in meiner Seele eingegraben. Zu gegenwärtig ist die Trauer um das, was ich aufgeben und loslassen musste. Aber irgendwie lerne ich auf neue Weise, damit zu leben, alles mitzunehmen auf meinem Weg, ohne es als Last zu sehen.

Das Leben, das mich wieder an der Hand hält, zeigt mir, dass es noch viel für mich zu bieten hat und dass ich die Kraft besitze, mich neuen Herausforderungen zu stellen. Eine bis dahin nicht gekannte Abenteuerlust lässt mich Dinge tun, von denen ich früher nicht zu träumen wagte.

So fliege ich eines schönen Tages auf die andere Seite der Erde, um mein Leben mit all seinen Veränderungen aus größtmöglicher Distanz heraus zu betrachten. In der Weite der faszinierenden Landschaften Neuseelands finde ich eine wohltuende innere Ruhe. Oder soll ich besser sagen, sie findet mich? Ich entdecke wahrhaft neue Horizonte und gewinne eine neue Sicht auf die Welt und mein Leben. Ich finde mein älter, aber reifer gewordenes Selbstvertrauen wieder und eine neue Liebe. Begierig strecke ich meine Arme dem Himmel entgegen. Meine Seele tanzt auf den

Wellen der Ozeane. In den Bergen hallt mein Lachen wider und mit dem Wind auf den Hügeln singe ich Hymnen über die neugeborene Lust am Leben.

Später ist jetzt

Die aufregenden Jahre
des Erwachsenwerdens
liegen längst hinter mir.
Ich habe es nicht mehr nötig,
auf später zu warten,
weil jetzt schon später ist.
Ich tue,
was ich schon immer
tun wollte.
Ich erledige alles,
wofür es morgen
zu spät sein könnte.
Und bei allem
fühle ich das Leben
in einer nie da gewesenen
Intensität.

Selbstbewusstsein

Selbstbewusstsein.
SELBST bewusst sein.
Selbst BEWUSST sein.
Selbst bewusst SEIN.

Mit der Liebe wachsen

Wenn die Liebe erwacht,
dann pflanze sie ein
im Garten deiner Seele.
Lass sie wachsen
in deinen Gedanken,
in deinem Herzen,
in deinem Schoß.
Lass sie wachsen
und wachse mit ihr.

Allein

Erst fürchtete ich
das Alleinsein.
Dann lernte
ich es kennen.
Später konnte ich
es genießen.
Und nun
brauche ich es.

Verletzungen

Die Verletzungen
meiner Seele
gehören zu mir
wie die Narben
an Händen und Füßen.

Ich kann sie
nicht sehen,
und doch sind sie da
und bleiben für immer.

Manchmal werde ich
schmerzhaft daran erinnert,
wer oder was
mich verletzt hat.

Dann muss ich
diesen Schmerz
erneut aushalten.
Wie damals.

Und wie damals
werde ich
ihn überwinden.

Frau sein

Frau sein
leiden
lieben
kämpfen
lieben
suchen
lieben
fragen
lieben
verzweifeln
lieben
hoffen
lieben
sich verausgaben
lieben
sich zurückziehen
lieben
sich schuldig bekennen
lieben
rebellieren
lieben
nicht aufgeben
lieben
und immer wieder
lieben.

Frühling

Endlich
habe ich wieder
den Frühling gerochen.

Gras und Moos,
frisches Grün und
taubedeckte Erde.

Endlich schimmern wieder
Farben durch das triste Grau
und locken mich hinaus
ins Leben.

Gesichter meiner Seele

Am Morgen
vor dem Spiegel
die düsteren Träume
wegschminken.

Das Lächeln suchen
zwischen Zahnweiß
und Lidstrich.

Das Rot der Lippen
den Augenfalten
entgegenschleudern.

Mit der Bürste
gegen die Locken
kämpfen und verlieren.

Das Spiegelbild
anschauen
und kapitulieren.

Verblüfft sein
über das Funkeln der Augen.
Der Seele ins Gesicht sehen,
die unverkennbar strahlt.

Jung, lebendig
und
immerwährend.

Einklang

Wenn mein Körper tanzt,
tanzt auch meine Seele.
Wenn meine Seele weint,
spüre ich es
auch in meinem Körper.
Leib und Seele
gehören zusammen,
so wie Himmel und Erde,
wie Licht und Schatten
zusammengehören.
Ich achte auf beide,
denn sie brauchen einander.
Sie brauchen mich,
um miteinander
im Einklang zu sein.
Und ich brauche beide,
um mit mir selbst
im Einklang zu sein.

Meinen Weg gehen

Wie jede Frau
gehe ich meinen eigenen Weg,
verfolge ich meine eigene,
individuelle Richtung.
Nur so und nicht anders
kann mein Leben verlaufen.
Jede Geradlinigkeit und jeder Umweg,
jede Ziellinie und jede Sackgasse,
alle Wegkreuzungen und Wendepunkte
gehören zu mir
und zu niemandem sonst.
So genieße ich,
was mir geschenkt wird.
Und ich nehme an,
was mir das Schicksal
an Steinen in den Weg legt.
Ich lebe alles,
bewusst und intensiv.
Denn ich habe nur
dieses eine Leben.

Werde

Lass dich ergreifen
von den Wirbelstürmen des Lebens.

Lass dich tragen
von den Wellen deiner Gefühle.

Lass dich beflügeln
von deiner erwachenden Leidenschaft.

Lass dich fallen
in die Arme deines inneren Selbst.

Lass dich verwandeln
von den Höhenflügen deiner Seele.

Lebe und werde immer mehr
du selbst.

Hungrig nach Leben

Hungrig nach Lachen
bin ich.
Nach fröhlichen Augenblicken.
Und gierig
nach den kleinen Glücksmomenten,
die ich wie Edelsteine
in meine innere Schatzkiste
legen kann.
Hungrig bin ich
nach Leben.

Ich lebe, was ich bin

Ich singe ein Lied
gegen meine Traurigkeit.
Ich schreibe ein Gedicht
gegen meine Verzweiflung.
Ich male ein Bild
gegen meine Sprachlosigkeit.

Ich lebe, was ich bin.
Offen, authentisch und frei.
Ich lebe, was ich bin.

Nicht mehr,
aber auch nicht weniger.

An deiner Seite

Ich will
an deiner Seite gehen,
wenn die Tage trüb werden
wie unsere Augen.

Ich will
in deiner Nähe sein,
wenn die Knochen ermüden
und alles langsamer geht.

Ich will
in deinen Armen liegen,
wenn Sorgen mich belasten
und Angst mein Herz zerfrisst.

Ich will
dein Zuhause sein
gegen die Stürme des Lebens.
Ein Haus, das dich wärmt
und beschützt.

Ich lebe

Unweigerlich
tickt die Lebensuhr.
Längst habe ich
den Zenit überschritten.
Ich weiß nicht,
wie viel Zeit mir noch bleibt.
Also lege ich los
und lebe
und lebe
und lebe.

Spuren des Lebens

Die Spuren des Lebens
will ich entdecken.
Die neue Schönheit
in meinem Gesicht.
Den Glanz der Liebe
in meinen Augen.
Die Schätze der Erinnerung
in meinem Herzen.

Den Reichtum des Lebens
will ich entdecken.
Die Bilder meiner persönlichen
Geschichte.
Das Lied der Zuversicht
auf meinen Lippen.
Die geballte Kraft meiner Seele
in den Händen.

Das Leben selbst
will ich neu entdecken.
Und mich mitten darin.

hcilkcülg nib hcI
Ich bin glücklich.

Seit ich die Herausforderungen dieser aufregenden Zeit bewältige, die mir oft mehr abverlangen, als ich glaube, verkraften zu können, lebe ich mein Leben in einer ganz neuen Intensität. Bewusster und aufmerksamer als früher genieße ich jeden kleinen Glücksmoment, denn ich weiß, er kann in jedem Moment einem Schicksalsschlag weichen.

Mehr und mehr gleicht die Reise durch mein Leben der abenteuerlichen Fahrt einer Achterbahn, die mich pausenlos in Atem hält. Neue Wegstrecken, unerwartete Wendungen, steile Kurven, aufregende Erlebnisse, herrliche Aussichten, rasendes Tempo, gefährliche Abgründe, berauschende Gefühle – dies alles hält mir Tag für Tag vor Augen, wie schön und wie gefährlich das Leben ist.

Wie beruhigend, dass es nach jeder Talfahrt wieder aufwärts geht. Wie gut, dass die Achterbahn hin und wieder stehenbleibt und mir eine Atempause gönnt. Wie aufregend, dass nach jedem Stillstand eine neue Fahrt beginnt.